MÉMOIRE

A CONSULTER,

ET CONSULTATION,

POUR S. A. S. Monseigneur LE DUC D'ORLÉANS;

CONTRE le Sieur JULIEN.

MÉMOIRE

A CONSULTER

POUR S. A. S. Monseigneur LE DUC D'ORLÉANS ;

CONTRE *le Sieur* JULIEN.

L'ADVERSAIRE de S. A. S. Mgr. le Duc d'Orléans a fait de grands efforts pour imprimer une fausse direction à l'opinion publique. Le Tribunal a retenti de déclamations qui ont paru destinées à soulever, en faveur du sieur Julien, les alarmes de la classe nombreuse des acquéreurs de biens nationaux ; on a même imprimé « *que le succès de la demande en revendication, for-* » *mée par S. A. S., répandrait l'inquiétude et l'épouvante au* » *milieu d'eux* ». Toutefois, les espérances qui reposaient sur ce système d'illusions ont été complétement trompées. L'opinion, quelque torture qu'on lui ait fait subir, n'a pu voir une vente nationale dans *une adjudication faite pardevant notaire*, adjudication à laquelle l'administration est restée tout-à-fait étrangère, et qui n'avait pour but, ou plutôt pour prétexte, que l'*exécution d'un concordat.* D'ailleurs, l'attachement de S. A. S. aux principes consacrés par la Charte, attachement dont sa vie entière

*　　　　　　　　　　　　　　　　　A

est la garantie, repoussait suffisamment les assertions du sieur Julien. Aussi, c'est dans un calme profond et une parfaite sécurité que, malgré de vaines rumeurs, le public, plus difficile à tromper qu'on ne le pense généralement, attend la décision des magistrats dans cette cause importante.

S. A. S. Mgr. le Duc d'Orléans a dû intenter l'action qu'il soutient contre le sieur Julien, afin d'empêcher qu'une partie de son apanage, qui n'a *été aliénée ni par la nation, ni au profit de la nation*, et qui est grevée du droit de retour au domaine public, n'en restât plus long-tems illégalement détachée. C'est autant dans l'intérêt de l'Etat que dans celui de ses fils, qu'il a dû soutenir ce procès. Pouvait-il oublier qu'il est seulement le dépositaire, le tuteur, le défenseur de son apanage ? Ces qualités imposent des devoirs dont nulle considération personnelle ne permet de s'affranchir.

Ce n'est qu'après s'être livré aux grandes recherches nécessaires pour la parfaite intelligence de l'affaire que le Conseil, aussi sage qu'éclairé, dont S. A. S. est entouré, lui a unanimement recommandé d'entreprendre le procès qui nous occupe aujourd'hui (1). Mais le Conseil desirant, ainsi que le Prince, con-

---

(1) « Les agens de S. A. S. Mgr. le Duc d'Orléans, dit le sieur Julien, page 24 » de son Mémoire à consulter, ont trouvé de grandes facilités dans *certains* » *bureaux*, pour avoir, non-seulement la connaissance, *mais même la remise* » *des pièces*, qui ne pouvaient être communiquées qu'aux parties intéressées ». Les agens de S. A. S. ont rempli leur devoir, en recherchant les pièces, les titres, les renseignemens nécessaires pour parvenir à une connaissance exacte des affaires et des droits du Prince. Quant aux facilités qu'ils ont trouvées *dans certains bureaux*, elles s'expliquent par l'ordonnance royale du 14 septembre 1814. L'article 1er. répondra d'une manière décisive aux insinuations du sieur Julien.

Art. 1er. « Les originaux, grosses et expéditions des titres, baux, contrats, » donations, testamens, inventaires partages et papiers terriers, déclarations, » plans et procès-verbaux d'aménagement relatifs aux biens et forêts restitués » à notre cher et amé neveu le Duc d'Orléans, par nos ordonnances des 18 et » 20 mai dernier, soit qu'ils fassent partie des domaines de la couronne, soit

(3)

naître l'opinion de ces jurisconsultes qui ont coutume de servir de guides ou d'arbitres à leurs concitoyens dans la discussion de leurs intérêts, nous a chargés de la rédaction d'un mémoire destiné à relever les erreurs et les omissions commises par le sieur Julien, et à présenter les éclaircissemens nécessaires pour avoir une juste idée du caractère de la cause, et une connaissance exacte des faits.

L'indépendance des jurisconsultes à qui ce Mémoire est soumis, leur caractère, et leurs lumières, sont, pour le Prince, de sûrs garans que, si après avoir examiné toutes les pièces du procès, et mûrement délibéré les questions qu'il présente, leur opinion lui est favorable, c'est qu'il leur sera bien démontré que l'action de S. A. S. n'est pas seulement fondée en équité, mais qu'elle est aussi fondée sur les lois protectrices des droits de tous.

§. Iᵉʳ.

La propriété considérée jusqu'à l'époque de l'adjudication du 22 octobre 1793, inclusivement.

Depuis 1692, en vertu de lettres de cession de Louis XIV, enregistrées au Parlement, le Palais Royal et ses dépendances ont été possédés à titre d'apanage par les Princes de la maison d'Orléans.

» qu'ils soient affectés à des établissemens publics, et qui lui appartiennent, *à*
» *quelque titre et sous quelque dénomination que ce soit;* ensemble les
» comptes des anciens comptables et arrêtés y relatifs, même les comptes non
» encore arrêtés, et généralement tous les registres de délibérations et autres,
» inventaires, pièces, papiers, documens, titres et actes de famille qui peuvent
» concerner notredit neveu, et l'administration des biens que nous lui avons res-
» titués, *lui seront remis sans délai,* tant par notre Cour des comptes et les
» Administrations des Domaines et Forêts, que par les Agens et Conservateurs
» des Archives et autres dépôts publics existans, tant à Paris, que dans les
» différens départemens du royaume, qui peuvent en être dépositaires ».

En 1784, le duc d'Orléans, père du Prince actuel, obtint des lettres-patentes qui lui permettaient d'aliéner par accensement la partie de terrein de son apanage qui forme le pourtour du jardin du Palais-Royal, terrein sur lequel sont élevés les galeries et bâtimens parallèles aux trois rues des *Bons-Enfans*, *Neuve des Petits-Champs et de Richelieu*, y compris le sol des passages ainsi désignés sur le plan annexé aux lettres-patentes, *passage de Valois, passage de Montpensier, passage de Beaujolois*, le tout contenant 3,500 toises, marquées et enluminées de rouge.

On a supposé, il est vrai, que la permission d'accensement devait s'étendre au-delà de ces trois mille cinq cents toises, sous prétexte qu'il y a sur le plan d'autres parties teintées de rouge; mais cette supposition, établie pour le besoin de la défense du sieur Julien, a été suffisamment repoussée par le défenseur de S. A. S., dans l'explication imprimée des plans du Palais Royal. Il suffirait d'ailleurs, pour lever à cet égard le doute le plus obstiné, de citer le titre seul des lettres-patentes du 13 août 1784, telles qu'elles ont été enregistrées au Parlement le 26 du même mois. Elles ont pour titre : « Lettres-patentes du Roi qui permettent » à M. le Duc de Chartres d'accenser les terreins et bâtimens » qui sont *au pourtour du jardin du Palais Royal* ». Ici le titre est une partie intégrante des lettres-patentes; ce n'est point la rédaction arbitraire d'un commis ou d'un imprimeur, comme on l'a pratiqué pendant la révolution. Le tout, suivant l'ancien usage, est littéralement rappelé dans l'arrêt d'enregistrement, et transcrit avec une religieuse fidélité sur les registres du Parlement. Le titre n'est ici que le sommaire exact des lettres, l'expression la plus simple de la pensée et de l'autorisation royale. Quelle force n'acquiert pas cette expression, lorsqu'on la compare avec le texte des lettres-patentes, et qu'ils se servent d'explication, et pour ainsi dire d'écho l'un à l'autre ? On établit le désir du Prince d'obtenir l'autorisation « d'accen-

» ser les terreins et bâtimens parallèles aux trois rues *des
» Bons-Enfans, Neuve des Petits-Champs et de Richelieu*,
» comme aussi le sol des passages nécessaires au service d'iceux,
» contenant, le tout, 3,500 toises, marquées et enluminées de
» roug , pour l'embellissement du Jardin du Palais Royal;
» *lequel Jardin*, disent les lettres, serait plus agréable et plus
» commode, s'il était *environné*, le long des trois côtés paral-
» lèles aux rues *des Bons-Enfans, Neuve des Petits-Champs
» et de Richelieu*, de galeries couvertes, pratiquées dans des
» maisons uniformes, ornées de pilastres et autres décorations
» d'architecture analogues à la façade qu'on a commencé d'éle-
» ver *sur le même Jardin*, parallèlement à la rue Saint-
» Honoré ». (1)

En calculant, sur le plan annexé aux lettres-patentes, le
nombre de toises au pourtour du Jardin du Palais Royal, sur
lequel sont construits les bâtimens, y compris le sol des passages nécessaires au service d'iceux, on trouve un total de 3,500
toises. Cette concordance des lettres-patentes avec le plan, sem-
blerait devoir interdire toute objection. Toutefois, le sieur
Julien insiste; il dit, et même on a plaidé pour lui : Qu'il y
avait d'autres parties que le terrein au pourtour du Jardin du
Palais Royal, lesquelles, sur le plan, étaient enluminées de
rouge. Or, a-t-on ajouté, *dès qu'elles sont marquées de
rouge*, elles étaient aliénables. Une portion du sol sur lequel
la Salle de Spectacle a été élevée se trouve teintée de rouge;
donc la Salle de Spectacle tout entière a pu être vendue.

(1) Le consentement de Louis-Philippe, Duc d'Orléans, père du Duc de
Chartres, à l'aliénation projetée, fut exigé par le Parlement, et précéda l'enregistrement. La limitation de l'aliénation aux 3,500 toises de terrein, formant le
pourtour du jardin du Palais Royal, fut une condition expresse du consentement du Prince. L'acte de consentement, reçu par Paulmier et Rouen, notaires, le 19 août 1784, énonce positivement cette limitation.

Il faudrait, pour que ce raisonnement pût être admis, que la faculté d'aliénation fût attachée uniquement à la couleur, et que les lettres-patentes eussent dit expressément : « *Tout ce* » *qui est marqué et enluminé de rouge sur ce plan, pourra être* » *aliéné par accensement* ». Alors, la conséquence serait forcée. Dans l'espèce, ce n'est qu'un de ces nombreux et légers sophismes dont la défense du sieur Julien est hérissée, et sur lesquels il suffit de souffler en passant pour les faire disparaître.

En effet, si la couleur eût dû régler les limites de l'accensement, il aurait été inutile de marquer d'une manière aussi exacte *le nombre des toises*, de désigner *le pourtour du jardin du Palais Royal*, d'indiquer *le parallélisme*, *les constructions*, de parler de passages, de tenans et d'aboutissans. Le soin même qu'on a pris de circonscrire avec tant de sévérité la partie réservée à l'aliénation, prouve invinciblement qu'on voulait prévenir toute espèce d'empiétement sur le reste de l'apanage.

C'est ce parfait accord des lettres-patentes, de l'arrêt d'enregistrement et du plan primitif qui force la conviction. C'est de cet accord que résulte évidemment l'intention du législateur de n'enlever le caractère légal d'inaliénabilité qu'à la partie du terrein sur lequel ont été construits, au pourtour du jardin du Palais Royal, les bâtimens parallèles aux trois rues *des Bons Enfans*, *Neuve des petits-Champs*, *et de Richelieu*, formant avec le sol des passages spécialement marqués sur le plan, *trois mille cinq cents toises marquées de rouge*.

Il n'y a jamais eu rien de plus clair, de plus positif, de mieux défini que cette permission d'accensement. Vouloir l'étendre aux terreins et bâtimens *qui ne sont pas au pourtour du jardin du Palais Royal*, c'est une prétention insoutenable, c'est donner un démenti à l'évidence elle-même. C'est cependant ce qui a été dit et imprimé ; c'est sur ce fondement ruineux qu'on a élevé en grande partie la défense du sieur Julien (1).

____

(1) Consultation pour le sieur Julien., *page* 5.

Nous présenterons ici deux vérités incontestables, 1°. que la salle du Théâtre Français a été construite EN ENTIER sur le terrein de l'apanage. 2°. Que ce terrein n'a pas été compris dans l'autorisation d'accensement limitée aux terreins et bâtimens *formant le pourtour du jardin du Palais Royal et contenant trois mille cinq cents toises, y compris le sol des passages de Beaujolois, de Montpensier et de Valois.*

En 1791, l'Assemblée constituante porta une loi qui défendit les concessions futures d'apanages réels, et remplaça ceux qui existaient par des rentes apanagères, en exceptant nominativement et formellement de cette révocation *le Palais d'Orléans ou du Luxembourg et le Palais Royal. « Les deux » apanagistes,* dit l'article 18, *continueront à en jouir au » même titre et aux mêmes conditions que jusqu'à ce jour ».*

Ainsi, il n'est pas vrai de dire que le Palais ne fut laissé au Prince qu'à *titre d'habitation :* il est certain, au contraire, que cet article n'a point apporté d'altération dans le titre, dans les conditions, dans les qualités, dans la nature de la propriété : le Palais est resté apanage comme auparavant.

Le 9 janvier 1792, un concordat fut consenti entre le Duc d'Orléans et ses créanciers. Le Prince s'engagea à faire mettre en vente des propriétés immobilières jusqu'à la concurrence de son passif. En exécution de l'article 7 du concordat, il fut fait un état des biens du Prince.

Cet état ne présente que les revenus dont l'abandon était fait, dès ce moment, aux créanciers; sauf la réserve de six cent mille francs à laquelle le Prince restreignait sa jouissance annuelle.

L'abandon des revenus comprenait ceux des maisons situées à Paris, les intérêts du prix de celles qui avaient été vendues, la rente apanagère, et l'indemnité annuelle accordée par la loi du 6 avril 1791.

Rien ne s'opposait à cet arrangement, à ce sacrifice du Prince envers ses créanciers ; *il pouvait disposer des revenus des biens qui lui restaient à titre d'apanage.*

A cette époque (1792), le système féodal étant aboli, le mode d'aliénation, autorisé par les lettres-patentes de 1784, devenait impraticable, puisque les cens établis étaient supprimés, et qu'il était interdit d'en créer de nouveaux. Le Duc d'Orléans s'adressa à l'Assemblée législative, pour faire autoriser un nouveau mode d'aliénation. Le 29 mars, on présenta en son nom, à l'Assemblée, une pétition où l'on demande à poursuivre les aliénations autorisées par les lettres-patentes de 1784, moyennant une certaine rente foncière. On énonce qu'*il reste* « *à vendre les arcades du Palais Royal, numérotées 21, 22, 23,* » *39, 40 et 41, la totalité des maisons de la cour des Fon-* » *taines, une salle de spectacle, et enfin plusieurs maisons* » *adjacentes* ».

On a cru découvrir ce qu'on appelle une grave erreur à ce sujet, dans le premier mémoire publié pour Son Altesse Sérénissime Monseigneur le Duc d'Orléans.

On y lit (page 7), « que le Prince *aurait voulu obtenir* de » l'Assemblée *l'autorisation nécessaire, pour qu'il lui devînt* » *possible d'ajouter* quelques parties de son apanage à la masse » disponible de ses propriétés ».

La moindre réflexion, le plus léger examen, suffisent pour démontrer que *cette erreur, si grave,* est une vérité incontestable.

En jetant simplement les yeux sur le titre des lettres-patentes de 1784, il était facile de se convaincre que l'autorisation d'aliéner était strictement bornée aux terreins et bâtimens qui forment le pourtour du jardin du Palais Royal ; d'après cela, indiquer, comme parties pouvant être soumises au nouveau mode d'aliénation, *les maisons de la cour des Fontaines et la salle de spectacle,* n'était-ce pas demander implicitement une autorisation

tion

tion nouvelle, puisque ces propriétés apanagéres étaient exclues de l'ancienne ? C'était une double demande ; c'était demander un nouveau mode d'aliénation pour les six arcades, dont la vente, quoique précédemment autorisée par les lettres-patentes de 1784, était néanmoins devenue impraticable par l'abolition des cens, et provoquer en même-tems une nouvelle autorisation pour de nouvelles aliénations. Or, c'est cette seconde demande qui n'a point été accordée ; et quels qu'aient été les motifs et l'objet du feu Duc d'Orléans, en réunissant ainsi ces deux demandes, ce n'est point dans sa pétition, mais dans le décret rendu par l'Assemblée législative, qu'il faut chercher la volonté du législateur. Cette volonté est trop clairement indiquée dans le décret, pour qu'il soit possible de la méconnaître ou de la taxer d'ambiguité. L'Assemblée établit un nouveau mode d'aliénation à la place de l'ancien, devenu impraticable ; mais elle interdit de nouveau toute aliénation qui n'aurait pas été précédemment autorisée par les lettres-patentes de 1784. Elle ordonne de se renfermer dans les bornes prescrites par ces mêmes lettres-patentes. Ce sont elles qui servent de base à son décret ; elle ne se contente pas de s'y référer d'une manière générale ; elle rappelle expressément les *trois mille cinq cents toises*, hors desquelles toute aliénation est interdite. Enfin il n'y est question, ni *de la cour des Fontaines*, ni d'une *salle de spectacle*, ni de *maisons adjacentes*. Tout s'y rapporte rigoureusement au texte seul des lettres-patentes, lesquelles, porte la disposition finale du décret, *seront exécutées suivant leur forme et teneur.*

Il est donc évident que, jusqu'ici, rien n'est changé dans l'état des choses : le titre du propriétaire, la nature de la propriété sont les mêmes.

Cependant des ventes d'immeubles se faisaient en exécution du concordat. Le Prince était libre encore ; il concourait à ces opérations exécutées conformément au traité d'union,

B

et aucune vente n'avait lieu qu'il n'y eût formellement consenti. Ce qui pouvait être légitimement aliéné était successivement mis en vente; personne alors n'aurait osé toucher aux
parties de l'apanage dont l'aliénation n'était pas autorisée. On
n'était pas encore arrivé à cette époque de confusion et d'anarchie où l'on pouvait se jouer impunément même des lois nouvelles, et se dérober avec facilité aux regards de la justice.
Cette époque arriva; il fut désormais impossible au Duc d'Orléans de concourir par lui-même aux ventes exécutées en
vertu du concordat; il fut arrêté le 4 avril 1793.

Ce Prince, pressé par ses créanciers, signa le 8 avril, entre
deux guichets, une procuration, sans laquelle les ventes de
ses propriétés patrimoniales ne pouvaient être légalement
poursuivies. Quatre mandataires sont nommés, L'Homme,
Monsigny, Degon et Béhague. Il leur est donné pouvoir de
faire procéder aux ventes et adjudications, *ainsi qu'il est sti-
pulé par le concordat.* D'autres pouvoirs sont accordés pour
différens actes d'administration, mais toujours avec cette
clause expresse, *conformément au concordat.*

Huit jours après que cette procuration eut été donnée, un
décret ordonna le séquestre provisoire des biens de la famille
d'Orléans. Un second décret du 1er mai 1793 chargea un agent
du trésor public de *surveiller* les opérations relatives à la liquidation et au paiement des dettes qui auraient lieu *en
exécution du concordat* (1).

On voit par ce décret qu'aucune opération ne pouvait avoir
lieu qu'en exécution du concordat. Le sieur Turpin n'y reçoit

---

(1) Le texte même du décret prouvera qu'il n'avait pour but que l'exécution du concordat.

Art. Premier. « L'Agent du Trésor public *surveillera* toutes les opéra-
» tions relatives à la liquidation et au paiement des dettes dudit d'Orléans qui
» seront faites *en exécution du concordat* intervenu entre lui et ses créanciers
» le 9 janvier 1792 ».

d'autre qualité que celle *d'Agent du Trésor*. Ses fonctions se réduisaient à une simple surveillance de comptabilité. Ce n'est qu'au bout de deux ans qu'on a imaginé pour la première fois de décorer ce commis du titre pompeux *d'agent national*; lui-même ne se doutait pas alors du rôle important qu'on lui ferait jouer à une autre époque. Il remplissait ses modestes fonctions de surveillance, et ne prenait aucune part active aux opérations des mandataires.

Ces mandataires, délivrés de la surveillance du Duc d'Orléans qui avait été transféré à Marseille, se délivrèrent aussi de toute espèce d'entraves; et quoiqu'ils fussent *liés au concordat* par la volonté expresse du Prince, par le texte même du décret du 1er. mai, ils mirent de côté leur mandat, et agirent comme s'ils eussent eu la libre disposition, non-seulement des propriétés patrimoniales, mais encore des propriétés apanagéres de la famille d'Orléans. On verra plus loin que pleins de confiance dans le désordre et la confusion où étaient alors plongées les affaires publiques et les affaires particulières, ils négligèrent et les dispositions les plus importantes du concordat, et les plus simples formalités requises pour rendre une adjudication valable.

On pressentait la mort prochaine du Duc d'Orléans; il fallait se hâter de profiter des derniers momens de son existence pour aliéner, en son nom et à son insu, des parties même inaliénables, sous quelque rapport qu'on les envisage, des immeubles dont il était toujours considéré comme propriétaire.

Le concordat exigeait, art. 18, « *que tout ce qui serait fait* » *au nom du Prince serait avisé par l'assemblée commune* » *des mandataires de ses créanciers et de son conseil* ».

Il voulait encore, art. 19, « *que les enchères des adjudi-* » *cations fussent reçues publiquement par un des notaires* » *du Prince, en présence de celui de ses créanciers* ».

Enfin, la procuration donnée conjointement aux *quatre*

mandataires Lhomme, *Behague*, *Degon* et *Monsigny*, ne les autorisait pas à agir séparément.

Le 27 août 1793, il y eut une première publication pour mettre en vente la salle de spectacle, dite le *Théâtre de la République*, dépendante du Palais Royal.

Nous avons établi, et il est de fait, que la salle de spectacle ne pouvait entrer dans les 3,500 toises formant le pourtour du jardin du Palais Royal, dont le Duc d'Orléans pouvait disposer en vertu des lettres-patentes de 1784, confirmées par la loi du 14 septembre 1792. Ainsi, les mandataires violaient tout à-la-fois et le concordat, et leur mandat, puisqu'ils procédaient à la vente d'une propriété qui était inaliénable même pour le Prince.

Ils violaient encore le concordat, puisque la mise en vente *aurait dû être avisée* et délibérée par l'assemblée commune des mandataires des créanciers du Prince et de son conseil. Or, on ne trouve sur le registre des délibérations communes aucune trace de résolution qui *ait avisé* cette aliénation illégale.

Mais, qui aurait pu alors réclamer contre ces violations manifestes et multipliées ? Le Prince, menacé de la mort, était sans doute bien éloigné de penser que des hommes auxquels il avait été forcé d'accorder sa confiance, abusaient à ce point de sa malheureuse situation.

Poursuivons nos remarques sur les irrégularités de l'adjudication.

D'après la procuration du Prince, ses quatre mandataires devaient agir *conjointement* ; cependant trois d'entre eux seulement, Lhomme, Monsigny, Béhague, ont signé le procès-verbal de la publication.

Le 3 septembre 1793, la deuxième publication eut lieu ; la troisième, le 10 avec remise pour l'adjudication définitive, *sauf le mois*, au 8 octobre. Ainsi, l'adjudication, *sauf le mois*, devait avoir lieu le 8 octobre. De ce jour, il y eut remise pure et simple au 22. Le 22, l'adjudication définitive, malgré la clause qui renvoyait cette adjudication au 8 novembre, eut lieu, en faveur de Levasseur, avoué, moyennant 1,600,500 liv. en assignats ; dont 200,000 liv., pour remboursement d'avances aux locataires de la salle de spectacle, qui se trouvèrent ainsi rentrer de suite, et par compensation sur eux-mêmes, dans un capital qui, aux termes de leur bail, ne devait leur être remboursé qu'au bout de trente années, sans aucun intérêt jusques là.

D'après le concordat, toutes les enchères auraient dû être reçues par le notaire du Prince en présence de celui des créanciers. Cependant l'adjudication a eu lieu devant un seul notaire, qui même n'a pas signé toutes les vacations.

Une portion de terrain, contenant trente-deux toises, inaliénable de l'aveu même des mandataires, est ajoutée arbitrairement, sans publication préalable, à la propriété principale. On a prétendu que ces trente-deux toises étaient nécessaires au service du Théâtre ; mais cette hypothèse, si fausse en droit, puisqu'elle tendrait à consacrer l'aliénation du bien d'autrui, sous prétexte de convenance, s'évanouit surtout lorsqu'on réfléchit, en fait, que cette partie de terrain était louée pour douze ans à un particulier étranger à l'entreprise du Théâtre.

Enfin, les mandataires ne pourraient alléguer qu'ils étaient dans l'erreur sur la nature de la propriété dont ils disposaient au nom du Prince ; l'excuse banale de la bonne-foi leur échappe, puisque, dans le préambule même du procès-verbal de la première publication, il est dit : « *que tout le terrain sur lequel* » *la Salle, le Théâtre, le Péristyle et les trois Galeries en-* » *vironnantes sont construites, appartient au Prince à* » *titre d'*APANAGE. »

Toutes ces irrégularités accumulées, ces nombreuses violations du concordat et de la procuration sont des moyens puissans de nullité, même si la propriété eût pu être vendue; car il y manquerait l'une des grandes conditions qui peuvent valider une vente, nous voulons dire le *consentement* du maître de la chose, *consentement* qui ne pouvait être légalement reconnu qu'autant que toutes les clauses du mandat et celles du traité d'union auraient été strictement observées.

Mais ces moyens de nullité reçoivent une force bien plus grande lorsqu'on les combine avec les circonstances, lorsqu'on les rapproche de la nature même de la chose vendue. C'est une propriété inaliénable qu'on se hâte de mettre en vente, c'est presqu'au moment où le propriétaire va mourir qu'on abuse de son mandat.

Ici la fraude éclate de toutes parts; et l'absence seule de tout ordre public peut expliquer la sécurité de ces mandataires infidèles.

Ce qui avait été prévu, ce qui avait abrégé le délai de la remise de l'adjudication définitive arriva; le Duc d'Orléans périt le 6 novembre 1793, quinze jours après l'adjudication définitive d'une partie intégrante de son apanage.

Arrêtons-nous ici; la vente est consommée, l'usurpation commence. Voyons comment on cherche à lui enlever ce caractère. On dit: « *La qualité de Prince apanagiste était supprimée; il n'y avait point, et il n'y a plus d'apanage; les propriétés apanagères étaient devenues aliénables, la Salle de spectacle a pu être vendue.* »

Le défenseur de S. A. S. Mgr. le Duc d'Orléans a répondu victorieusement dans son plaidoyer du 24 janvier à cette objection (1); nous craindrions d'affaiblir ses raisonnemens et ses preuves en les reproduisant, il suffit d'observer qu'aucune loi n'ayant enlevé au Palais Royal la qualité d'apanage qui lui

____

(1) La partie de la Discussion de M. Dupin sur les Apanages a été imprimée.

avait été expressément réservée par l'article 18 de la loi du 6 avril 1791, cette propriété n'a pas changé de nature, et qu'elle est restée dans l'état où elle avait été mise par les titres qui l'avaient établie antérieurement.

Dans tous les cas, la condition de retour au domaine public a toujours subsisté; cette seule condition, soit qu'elle fût encore en suspens, soit qu'elle eût déjà été réalisée, suffirait pour que le Palais-Royal et ses dépendances eussent été inaliénables, soit pour le Duc d'Orléans, soit pour ses mandataires.

Ce qu'il y a de plus étonnant et de plus inattendu dans cette cause, c'est que d'un côté, on soutient que les mandataires du Prince pouvaient vendre la Salle de spectacle comme une propriété privée, et que de l'autre on veut faire regarder cette aliénation comme la vente d'un domaine national.

On va plus loin; on veut, par le plus étrange sophisme, faire dépendre la nature d'une vente, non de la vente elle-même et de la qualité des parties, mais de la chose vendue. Ainsi, des particuliers sans pouvoirs ont vendu à d'autres particuliers une propriété réversible à l'Etat, conséquemment inaliénable pour eux; et cette opération est assimilée aux ventes de biens nationaux faites suivant des formes particulières au nom et au profit de la Nation (1).

Supposons qu'un individu s'avisât aujourd'hui de vendre à son voisin, ou au profit d'un créancier, un bien dépendant du domaine public, et qu'il crût se soustraire à la revendication en appelant la vente effectuée « *une vente domaniale* », on rirait de sa folie, et on ne manquerait pas de lui répondre qu'une *vente domaniale* est une vente faite par le Domaine, suivant les règles établies pour ces sortes d'aliénations, comme une *vente nationale* est une vente qui a été faite par la Nation, d'après les formes prescrites par les lois alors en vigueur. C'est cependant sur une base aussi fragile, c'est sur un pareil jeu de

_____

(1) Consultation pour le sieur Julien, page 2.

mots qu'on a élevé cette partie de la défense du sieur Julien, à laquelle on s'est vainement efforcé de rattacher des intérêts étrangers à la cause, et des inquiétudes qui n'existent point et ne peuvent exister.

Le fait est que la Salle de spectacle, dite le Théâtre Français, dépendante du Palais-Royal, était une propriété inaliénable pour le feu Duc d'Orléans, comme pour ses mandataires; que ceux-ci n'avaient aucun pouvoir pour l'aliéner; qu'ils l'ont cependant aliénée au profit de quelques individus; que cette aliénation a été faite irrégulièrement et illégalement; qu'on ne peut l'envisager que comme une transaction privée, qui ne peut être jugée que par les lois ordinaires; que vouloir l'assimiler aux ventes de biens nationaux consenties et faites par les autorités compétentes, c'est tomber dans l'absurde, c'est changer l'espèce, c'est renverser les règles les plus simples des contrats, c'est enfin établir une législation arbitraire, subversive de tout ordre, de tout principe conservateur des propriétés.

La grande erreur, l'erreur capitale du sieur Julien et de son défenseur, est de substituer constamment une qualité à une autre, une partie à une autre partie. Ainsi, dans leur système, tantôt la Salle de spectacle pouvait être aliénée comme propriété privée; tantôt, considérée comme domaine national, le fait de la vente est attribué au Gouvernement; pour établir ces erreurs, autour desquelles on tourne sans cesse, on applique des lois inapplicables, on dément les faits les plus constans, on crée des principes qui n'ont jamais été admis; et de suppositions en suppositions, de chimère en chimère, on croit arriver à une réalité.

On avance contre l'évidence, contre le texte même des lettres-patentes de 1784, « *que le Roi a permis d'aliéner* » *toutes les parties teintées en rouge, sur le plan annexé aux* » *lettres-patentes* (1) », tandis que le contraire est démontré,

____

(1) Consultation pour le sieur Julien, page 5.

que le titre des lettres, que la désignation précise des toises, que le parallélisme des bâtimens, que l'indication des tenans et aboutissans prouve, comme il a été démontré, que rien ne pouvait être aliéné hors les 3,500 toises sur lesquelles sont construits les bâtimens qui sont au pourtour du jardin du **Palais Royal**, y compris le sol des passages marqués sur le plan.

Comme le sieur Julien a été forcé d'admettre que, dans toutes les hypothèses, il se trouvait, dans l'emplacement de la Salle de Spectacle, 212 toises de terrain, dont, même de son aveu (1), l'aliénation n'était pas autorisée, on arrange, pour cette circonstance, une doctrine commode, facile, et qui n'a d'autre inconvénient que d'être contraire aux principes de la justice et du droit. On établit je ne sais quelle *propriété mixte* qui donnerait le droit à un particulier de vendre, en certains cas, des parties de domaine public sans autorisation; en telle sorte que le domaine privé serait *le principal*, et le domaine public *l'accessoire*.

En vain on oppose au sieur Julien le décret du 3 juin 1793, qui porte, article XXVI : « *Il y aura lieu à résiliation, lors-* » *qu'on aura compris dans une vente un bien ou* PORTION » DE BIEN QUELCONQUE NON SUSCEPTIBLE D'ÊTRE VENDU ». En vain on objecte qu'il faut être maître d'une chose pour la vendre. Lorsqu'il s'agit d'une vente frauduleuse faite par des particuliers pendant la révolution, tout est permis, l'oubli des principes les plus constans, la violation des lois mêmes de cette époque.

Si l'on circonscrit ainsi les *lois générales*, on étend au besoin, hors de toute mesure, les *lois particulières*. Ainsi on s'appuie d'une loi du 21 septembre 1790 qui statue : *que les décrets relatifs à la vente des biens nationaux, seraient ap-*

______

(1) Plan annexé à la Consultation du sieur Julien, et page 3 de son Mémoire à consulter.

C

pliqués à ceux compris dans les apanages supprimés (1) et on étend aux apanages *conservés* comme le Palais Royal , une disposition qui n'est relative qu'aux apanages *supprimés* à l'époque de 1790.

Si l'on objecte que, pour qu'une vente puisse être considérée comme nationale, il faut qu'elle ait été faite dans la forme prescrite pour l'aliénation des biens nationaux, le S^r. Julien répond : « que la forme suivie *n'a pas été bien différente* (2) »; et cette légère, cette *minime différence* est pourtant en réalité une différence entière et absolue. Qu'est-ce qui constitue *une vente nationale ?* C'est d'avoir été faite pardevant l'autorité administrative, seule compétente pour donner à une vente le caractère de *nationalité.* Celle du 22 octobre 1793 a été faite pardevant notaire; elle n'est donc pas *nationale;* c'est donc *une vente privée;* ce n'est donc pas une de celles sur lesquelles l'autorité administrative pouvait seule statuer, mais une de celles dont il appartient aux Tribunaux de prononcer la légalité ou l'illégalité. Le bien vendu n'était pas encore entré, à l'époque de la vente, dans la masse des biens nationaux. C'était une propriété grevée de réversion en faveur de l'Etat; propriété qui, aux termes des lois anciennes et des lois nouvelles ne pouvait jamais être aliénée sans le consentement de l'autorité législative de l'Etat en faveur de qui la réversion était établie. Et cependant, quoique l'autorisation eût été constamment refusée ; quoique la vente ait été faite au nom du Prince qui n'avait pas le droit de la faire, et qui ne l'a pas même autorisée; quoique l'autorité administrative n'y ait concouru en aucune manière , cette vente devrait être aujourd'hui considérée comme *une vente nationale ,* sans qu'on puisse découvrir d'autre motif ou d'autre moyen de la considérer comme telle que la convenance du sieur Julien qui veut persuader au public que l'attaque d'une

____

(1) Consultation , *page* 8.

(2) Consultation , *page* 9.

telle vente est une attaque contre la validité des ventes nationales, et une violation de la Charte qui en a confirmé l'inviolabilité par une garantie solennelle!

Que conclure de tous les faits reconnus pour constans, et
des suppositions du sieur Julien reconnues pour chimériques?
— C'est que l'adjudication du 22 octobre est vicieuse dans son
principe et nulle de plein droit.

§. I I.

La propriété considérée dans les mains du sieur Julien.

Pour connaître si le vice primitif de l'adjudication du Théâtre
Français a été purgé, il faut reprendre la suite des faits.

Mgr. le Duc d'Orléans avait péri. L'anarchie régnait toujours
en France; tout semblait se réunir pour assurer aux adjudicataires la jouissance paisible d'un bien illégalement acquis, lorsqu'ils furent alarmés par une simple difficulté sur le paiement.

Profitant de la dépréciation du papier-monnaie, ils avaient
versé la presque totalité de leur prix, non dans la caisse du
Prince, comme on l'a plaidé pour les sieurs Gaillard et Grandménil, mais dans les caisses du Trésor public. Il ne restait plus
dû qu'une somme de 1,009 liv. en assignats (8 f. 72 c.) En arrêtant
le reliquat à cette somme, le Receveur du Domaine refusa de
la recevoir ; il déclara « que la présente liquidation est ainsi
» faite sous toutes réserves de fait et de droit, soit relative-
» ment au paiement de la rente apanagère, soit relativement
» aux droits de la Nation, résultant de l'apanage du ci-devant

» Palais Royal ; soit enfin relativement aux diverses lois qui
» prononcent la confiscation des biens d'Orléans ».

Il fallait faire régler cette difficulté de paiement. Les adjudicataires s'adressèrent au Comité des finances de la Convention
(vendémiaire an 4) ; ils lui présentèrent une pétition, tendante
à obliger le Receveur à leur donner une quittance définitive et
pour solde. La vente n'était point attaquée, car le Receveur n'avait
point qualité pour cela, et la réserve d'exercer un droit n'en constitue point l'exercice ; toutefois et dans la crainte que la me-
nace ne fût suivie de l'effet, ils se hâtèrent de recourir à l'autorité supérieure pour en obtenir un ordre qui imposât au Receveur l'obligation de recevoir. Leur pétition, dans leurs conclu-
sions, n'avait pas d'autre objet ; elle fut renvoyée à la régie et
à la commission des revenus nationaux pour donner leur avis.
Ce seul renvoi indique qu'il ne s'agissait point de prononcer sur
la validité du titre de propriété, puisque ces deux autorités
subalternes s'occupaient uniquement des contestations sur les
revenus nationaux, et qu'il n'était réellement question que
d'une difficulté de paiement. Si la contestation eût été élevée sur
le titre de propriété, il aurait renvoyé la pétition au bureau
du domaine, seul capable alors pour soutenir ou intenter les
actions domaniales ; le comité des finances se serait adjoint au
comité de législation, suivant la disposition précise du décret
du 15 vendémiaire an 4 ; il est intitulé : « décret du 15 vendé-
» miaire an 4, qui renvoie aux comités de législation et des
» finances *réunis*, section des domaines, pour prononcer à
» *l'avenir sur la validité des ventes de biens nationaux.*

» La Convention nationale, après avoir entendu la lecture
» d'une pétition relative à la vente d'un bien national, sur la
» validité de laquelle un *tribunal de district* a prononcé contre
» le vœu de la loi, qui attribue la compétence *aux admi-*

» *nistrations*, renvoie, sur la motion d'un membre, à ses co-
» mités de législation et des finances, section des domaines
» *réunis*, pour prononcer *à l'avenir sur la validité des ventes*
» de biens nationaux.»

On a objecté que ce décret n'était ni dans le Moniteur, ni dans le Bulletin, et qu'apparemment il n'avait jamais été promulgué. Mais, d'une part, il se trouve dans la collection de Baudouin, qui était imprimeur du Corps législatif, et qu'on a toujours citée comme authentique. Ensuite il convient d'obser-ver que tous les décrets indistinctement n'étaient pas insérés dans le Bulletin des Lois ; qu'on n'y insérait que ceux pour lesquels cette insertion avait été spécialement ordonnée. Et, qu'enfin, il n'y avait aucune raison pour promulguer, à son de trompe, comme il était alors d'usage, un décret qui n'imposait aucune obligation aux citoyens, et dont l'effet se concentrait, pour son exécution, dans l'intérieur des comités de la Convention.

Les opinions de *la régie et de la commission des revenus nationaux*, relatives à la propriété, sont donc indifférentes en elles-mêmes. Peu importe qu'elles aient été trompées par un faux exposé, qu'on leur ait persuadé que la nation n'avait *ni droit*, *ni intérêt* d'attaquer l'adjudication du 22 octobre 1793 ; et que, pour la première fois, le *surveillant* Turpin ait été métamorphosé en *agent national ;* toutes ces alléga-tions des pétitionnaires que personne n'avait qualité pour contredire et démentir, ne sont ici d'aucun poids ; il importe seulement de considérer *l'arrêté du comité des finances*.

L'arrêté proposé *par la commission des revenus nationaux*, et adopté par le comité des finances, suit immédiatement ces mots : « *Il faut la considérer* (la vente), *comme un être*
» *solide en soi qui n'a pas besoin de secours pour se sou-*
» *tenir*, arrête *qu'il sera délivré aux adjudicataires une*
» *quittance purement et simplement définitive et pour solde »*.

La commission des revenus nationaux avait préalablement observé que la vente *n'étant point attaquée judiciairement, n'avait pas besoin de confirmation.* Ce n'est donc point une *confirmation* que le comité des finances donna par son arrêté en règlement de compte. Il ne la donna pas, parce qu'il n'avait ni l'intention, ni le pouvoir de la donner, et que ses membres ne pouvaient avoir oublié, *le 28 vendémiaire,* le décret qui les concernait personnellement, et auquel ils avaient eux-mêmes concouru *le 15 du même mois.*

Que sera-ce si, à toutes ces considérations, on ajoute que cet arrêté se présente sous une forme qui autorise à dire qu'il n'a point d'existence légale ? En effet, au lieu d'être revêtu de la signature, sinon de tous les membres qui l'ont, dit-on, rendu, au moins de leur président, il ne porte que la signature seule d'un secrétaire ? Et voilà cependant ce qu'on appelle une *confirmation administrative ;* voilà l'acte qu'on présente sans cesse comme une fin de non-recevoir invincible ? On veut connaître mieux que la *commission des revenus nationaux,* mieux que le *Comité des finances,* ce que l'une a proposé, ce que l'autre a adopté et arrêté. Il n'y a point de supposition, point de subtilité dont on ne s'avise pour trouver dans cet arrêté ce qui n'y est pas, ce qui n'y pouvait être.

L'avantage de la cause de S. A. S. Mgr. le Duc d'Orléans, c'est qu'elle n'a besoin ni de prétéritions, ni de subtilités, et qu'elle ne puise ses moyens de décision que dans les principes de la justice, dans les lois même qui existaient à cette époque, comme dans celles qui existent aujourd'hui.

Sans doute *foi est due au titre.* Tant qu'il n'est pas attaqué, *c'est un être solide en soi qui n'a point besoin de secours :*

(23)

car le *secours* suppose *l'attaque.* On ne décide point sur une
contestation qui n'est pas élevée, qui n'existe pas. Dans l'opinion même de la commission des revenus nationaux et du
comité des finances, *l'arrêté* de ce dernier n'est donc point
un secours accordé au titre ; ce n'est donc point une décision
sur la validité de la vente ; la question du fonds reste donc
toute entière, et l'arrêté ne peut être considéré que comme
une simple mesure d'ordre administratif.

Il est donc superflu d'examiner, comme on l'a fait (1),
« *si le Gouvernement et l'autorité qui agissaient en son nom,*
» *avaient le droit et le pouvoir de prononcer sur une question*
» *de validité ou invalidité* ». Qui jamais a contesté ce droit
et ce pouvoir au Gouvernement ? Pourquoi créer des fan-
tômes pour avoir le plaisir de les combattre ? Le point est de
savoir si le Gouvernement et l'autorité qui agissait en son
nom ont prononcé sur la validité de l'adjudication du 22
octobre. Or, de l'aveu même de l'autorité que nous pourrions
sans danger admettre comme compétente, quoiqu'elle ne le
fût pas réellement, comme on l'a prouvé, il n'y a point eu
de *prononcé* sur la validité de la vente.

C'est cependant cette déclaration de *non prononcé* à la
main, qu'on voudrait décliner la compétence du tribunal,
même après avoir reconnu à une autre époque, comme nous
le verrons bientôt, la compétence des tribunaux en cette
matière.

Reprenons la suite des faits.

Le sieur Julien avait négocié, sous le nom d'un sieur Prevost,
avec la société Gaillard et Grandmesnil, l'acquisition de la salle
de spectacle. Ces derniers, pressés par leurs créanciers, éprou-

---

(1) Consultation, page 11.

vaient le besoin de revendre et cherchaient à se débarrasser d'une propriété dont le titre était si peu rassurant ; le prix convenu fut de quatorze millions assignats.

Les sociétaires ne tardèrent pas à se repentir de la vente qu'ils avaient conclue ; et la baisse prodigieuse des assignats leur fit craindre d'avoir vendu pour un prix illusoire. Que ne devaient-ils pas redouter de l'avenir, puisqu'au taux de brumaire an 4, deux millions reçus ne représentaient que 24,444 fr. 41 cent ? Ils refusèrent le paiement des douze millions d'assignats restans ; le sieur Julien en fit le dépôt ; la validité de ce dépôt fut contestée.

Dans le cours de ce débat, le Ministre des Finances, mû, a-t-on dit, *par une main invisible* (1), chargea la régie d'intervenir dans le procès pendant au Tribunal de première instance, à l'effet de demander l'annullation de l'adjudication du 22 octobre.

Le Commissaire du pouvoir exécutif près du Tribunal répondit au Ministre, que le jugement ne pouvait être retardé par l'intervention de la Régie, que la cause était urgente ; il s'agissait d'un dépôt d'assignats ; que d'ailleurs les droits de la Nation n'en souffriraient pas, attendu qu'elle n'était pas partie dans la cause, que le jugement ne pourrait lui être opposé, et qu'elle serait toujours à tems d'attaquer les détenteurs du Théâtre Français par action principale et séparée. En conséquence, la Régie fut déclarée non-recevable.

Le dépôt du sieur Julien fut annullé par un autre jugement. Il appela de ce jugement qui fut confirmé en l'an 7 au Tribunal d'Eure-et-Loir.

---

(1) Cette *main invisible* était celle du sieur Gaillard, l'un des adjudicataires de la Salle de spectacle qui connaissait mieux qu'un autre les moyens employés pour parvenir à cette aliénation.

« C'est

(25)

« C'est ainsi, dit le sieur Julien, que je perdis (1) les douze
» millions *que j'avais déposés* ». Observons, pour mémoire, que
ces douze millions représentaient, au taux de l'assignat à l'é-
poque du dépôt, une somme de 55,820 fr.

Nous voici arrivés au Gouvernement consulaire. Un arrêté des
Consuls (23 thermidor an 8) ordonna que le Théâtre Français
avec ses dépendances et le mobilier nécessaire seraient acquis
par la République.

On ne peut s'empêcher de remarquer ici que dans ces révo-
lutions perpétuelles, dans ces changemens inopinés de gouvernement et d'administrations, dont les chefs et les employés
étaient successivement destitués et remplacés, il ne pouvait y
avoir nulle suite dans les affaires ; que les plus importantes se
trouvaient interrompues ; qu'il aurait fallu un tems et des peines
infinies, qu'on s'épargnait le plus souvent, pour se remettre au
courant, et que ce désordre était sur-tout favorable à ceux qui
avaient besoin de dérober leurs titres et leurs transactions à
l'examen des diverses autorités.

L'arrêté des Consuls ne reçut aucun effet. La question de propriété fut de nouveau élevée ; mais faute des documens nécessaires épars dans les divers bureaux de diverses administrations,
on ne donna aucune suite à la contestation ; on se borna à or-
donner des recherches.

Cependant le sieur Julien qui ne devait pas être sans inquiétude sur le résultat de ces recherches, avec quelque len-
teur et quelque peu de suite qu'elles fussent faites, imagina
de reprendre une contestation qui avait été abandonnée. Il
assigna la Régie devant le Tribunal de première instance.

« Sa demande tendait, dit-il, à ce qu'en procédant sur la
» demande originaire de la Régie en l'an 5, elle y fût déclarée

____

(1) Mémoire à consulter, page 16.

D

» non-recevable, ou en tout cas déboutée. Et en conséquence à
» ce qu'il fût déclaré propriétaire incommutable ».

Nous releverons en passant une singulière contradiction du
sieur Julien. Dans son mémoire (*page 17*) « il est d'avis que
» *l'adjudication ne pourrait être annullée par les Tribunaux*
» *à cause de l'arrêté du Comité des finances* », et il nous
apprend (*page 18*) qu'il s'adressa aux Tribunaux avec l'intention *de faire valider le titre de propriété* ; déclinant ainsi
ou reconnaissant la compétence des Tribunaux, suivant le besoin de sa cause, et changeant à volonté de juridiction. La
Régie n'ayant à l'époque de l'an 9, qualité ni pour attaquer
ni pour défendre, autorisa son avoué à déclarer qu'elle consent
« *à ce que son ancienne demande soit déclarée non-avenue* ».

Ainsi le sieur Julien n'eut point de contradicteur légitime,
et par un jugement d'expédient auquel S. A. S. Mgr. le Duc
d'Orléans s'est porté tiers-opposant en tant que de besoin, le
sieur Julien fut déclaré propriétaire et possesseur incommutable de la salle de spectacle dite alors de la République.

La Régie n'avait en l'an 9 qualité ni pour intenter, ni pour
soutenir une contestation de ce genre. Cette importante
vérité résulte de la législation en vigueur à cette époque.

Jetons un coup-d'œil sur cette législation.

Dans l'instruction donnée aux Administrations de l'Enregistrement et du Domaine on lit l'article suivant.

« Si, pour le recouvrement des revenus domaniaux, les lois
» autorisent des formes rapides et extraordinaires, il n'en est
» pas de même, lorsqu'il faut juger *les questions de propriété.*
» Alors, les intérêts de la Nation sont discutés devant les
» Tribunaux avec solennité. Le Gouvernement subit tous les
» dégrés de juridiction établis pour les affaires des particu-
» liers, parce que, dans ces causes, la République s'assimilant
» au simple citoyen qui plaide avec elle, doit épuiser avec

» lui toutes les formes, et parcourir toutes les chances de
» l'ordre judiciaire. *La contestation devient étrangère à l'Ad-*
» *ministration des Domaines qui n'est investie par la loi du*
» *12 septembre 1791 que du droit de poursuivre la rentrée*
» *des revenus, et qui ne figure que dans les instances dont*
» *ces seuls revenus sont l'objet* »,

Avant la révolution, les actions domaniales ne pouvaient être valablement intentées et soutenues que par le Procureur général et ses substituts.

Depuis 1789, et tant qu'a duré l'organisation administrative que l'Assemblée constituante avait établie par la loi du 22 décembre de cette même année, les actions domaniales étaient intentées et soutenues par les Procureurs généraux syndics des départemens, poursuite et diligence des Procureurs syndics de district. (Voyez lois du 23 octobre, 5 novembre 1790, titre 3, art. 13, 14 et 15, et la loi du 15 mars 1791, art. 13 et 14.)

Sous la Constitution de l'an 3, ces actions étaient intentées et soutenues par *les Commissaires du Directoire exécutif près les administrations départementales.* (*Voyez les lois du 21 fructidor an 3, et 19 nivôse an 4.*)

Enfin, la loi du 28 pluviôse, an 8, attribue *aux Préfets* toutes les fonctions précédemment exercées *par les Commissaires du pouvoir exécutif près les administrations centrales ;* comme la loi du 21 fructidor an 3 avait attribué à ceux-ci toutes les fonctions exercées *par les Procureurs généraux syndics* (1).

Ainsi, d'après ces instructions, d'après la législation de *l'an VIII*, la Régie n'avait point qualité en l'an 9 pour défendre

---

(1) Voyez le Répert. de jurisp. *Domaine public.*

l'intérêt de l'Etat dans une question de propriété contre le sieur Julien. Ainsi son désistement était obligé; ainsi le sieur Julien n'a point eu de *contradicteur lé_itime*; ainsi l'on ne peut considérer le jugement d'expédient, du 14 prairial an 9, que comme un de ces jugemens rendus entre des tiers qui ne peuvent préjudicier.

Les choses jugées entre des tiers, dit *la loi 2 au Code quibus res judicatæ non nocent*, n'ont pas coutume d'apporter à ceux qui n'ont pas été parties dans le jugement aucun préjudice ni aucun avantage : *Res inter alios judicatæ, neque emolumentum afferre his qui judicio non interfuerunt, neque præjudicium solent irrogare.*

L'ordonnance de Moulins, art. 61 ; l'ordonnance de 1667 confirment ce principe si conforme à la raison et à l'équité.

Il s'ensuit que l'Etat n'ayant point été représenté dans le jugement de l'an 9, puisqu'il ne pouvait l'être que par le Magistrat légalement chargé de cette représentation, cet acte lui est totalement étranger, et qu'on ne peut pas plus le lui opposer, qu'il ne peut en tirer avantage. C'est-là le cas de l'application des lois Romaines et des ordonnances de Moulins et de 1667. C'est un principe invariable auquel le sieur Julien ne peut échapper.

Mais s'il ne peut valablement opposer ce jugement ni à l'Etat, ni à S. A. S. Mgr. le Duc d'Orléans, défendant, comme Prince apanagiste, l'intérêt de l'Etat, il faut en conclure que S. A. S. n'a besoin d'attaquer cet acte qui lui est étranger, ni par voie d'appel, ni par voie d'opposition ; car nous n'avons pas besoin de faire annuler ou rapporter un acte, soit judiciaire, soit conventionnel, dont on ne peut tirer aucun avantage contre nous ; un acte, enfin, que l'on ne peut aucunement nous opposer. Aussi la tierce-opposition formée au nom de S. A. S. est-elle *en tant que de besoin*. Ces principes posés, nous allons continuer l'exposition des faits.

Le sieur Julien s'est fait représenter comme *un père de fa-mille* qui avait placé des capitaux laborieusement accumulés dans l'acquisition du Théâtre français. Cette hypothése a servi de texte à des considérations étrangères à la cause, et destinées à émouvoir la sensibilité publique. C'est ici l'occasion de prou-ver, par des calculs positifs et des faits constans, qu'on a eu rai-son de dire qu'en offrant au sieur Julien la somme de 600,000 fr., offre dont il est convenu lui - même ,(1) S. A. S. Mgr. le Duc d'Orléans lui a fait un avantage plus considérable qu'il ne devait et pouvait l'espérer.

Le sieur Julien a acheté moyennant 14 millions, dont 2 mil-lions de pot-de-vin.

Le premier de ces deux millions, payé à Grandménil, le 22 vendémiaire an 4, ne valait alors que. . . . . 16,666 f. 65 c.

Le deuxième, payé à Gaillard, le 21 brumaire an 4, ne valait que. 7,777   76

TOTAL. 24,444   41

Le dépôt des 12 millions restans n'eut lieu que le 8 nivôse an 4; à cette époque, les 12 mil-lions représentaient. 55,820   »

TOTAL. 80,264   41

Mais les adjudicataires demandèrent et firent prononcer la nul-lité du dépôt de douze millions. Une estimation en numéraire fut ordonnée. Elle s'éleva en totalité à 580,000 livres tournois, dont il fallut déduire un septième pour la représentation des deux millions de pot-de-vin valablement payés. Restait 497,143 livres tournois, ou 490,928 fr. 58 c, ci. . . . . . 490,928 f. 58 c.

Le sieur Julien devait, de plus, les intérêts de son prix pendant six ans environ. 126,000   »

En tout. 616,928   58

(1) Mémoire à consulter, page 25.

Mais comme, en même-tems qu'il achetait en assignats, le sieur Julien avait loué à ses propres vendeurs la Salle de Spectacle, moyennant 120,000 livres par an en numéraire, valeur de 1789 , il se trouvait réciproquement créancier, pour les loyers accumulés depuis le jour de la vente, d'une somme qui paraît avoir été liquidée par les parties à. . . 650,228 f. Ainsi, compensation faite, il serait resté créancier.

Il objectera que cette compensation n'a pas eu lieu pour la totalité des loyers, et qu'on a compensé seulement   286,163 f.

Et qu'il a gardé dans ses mains une somme de.. .   320,000 f. qu'il a été obligé de payer aux créanciers de ses vendeurs.

Oui : mais, d'une part, il a été allégué, par les adjudicataires eux mêmes, dans un Mémoire par eux présenté au Ministre de l'Intérieur, que le sieur Julien avait racheté ces créances à 60 et même 70 pour cent de perte; et, d'autre part, le sieur Julien, dans ses *Observations additionnelles*, page 7, convient qu'il ne leur a payé que 40 pour 100. Au lieu de 320,000 francs, il n'aurait donc réellement payé que 120,000 francs.

Mais ce n'est pas tout : eût-il payé les 320,000 fr. en totalité, il en a été à l'instant même indemnisé par l'abandon que lui ont fait les adjudicataires,

1°. Du mobilier qu'ils avaient ajouté à la Salle. .   151,642 f.

2°. Par une délégation des loyers dus aux adjudicataires pendant la durée du bail de Sageret. .   160,339

Total. . . , ... 311,991

Dans toutes les hypothèses, il est donc vrai de dire que le sieur Julien a payé *la chose avec la chose.*

Le sieur Julien présente d'autres calculs dans ses *Observations additionnelles ;* mais sur quoi ces calculs sont-ils fondés ?

Ils sont, dit-il , pag. 8, appuyés de pièces *pour tout ce qui en est susceptible ;* mais en fait de comptabilité , tout n'est-il donc pas susceptible d'être prouvé par des pièces ? et lorsqu'il

s'agit surtout de paiemens faits par un acquéreur à ses vendeurs, ou à leurs créanciers, n'est-il pas évident que tous
les paiemens doivent être appuyés et justifiés par des quit-
tances ?

N'importe : voyons comment calcule le sieur Julien.

« En récapitulant toutes les sommes que j'ai payées, je trouve,
» dit-il , (1) la valeur des assignats déboursés , 432,000 fr. »

Nous trouvons , au contraire, qu'il n'est pas possible qu'il
ait payé cette somme. En effet , on a vu , pag. 29 ci-dessus, que
le total des assignats payé, par le sieur Julien , ne valait, d'après
l'échelle, au jour des paiemens, que 80,264 fr. Ces paiemens
ont été annullés pour 55,820 fr. , représentatifs des 12 millions
par lui déposés : restait donc 24,444 fr. 41 cent. pour les pots-de-
vin. On ne trouve pas d'autres sommes payées en assignats.

En effet, le même jugement qui a annullé le dépôt, a ordonné
l'estimation *en numéraire* : ainsi, on ne peut plus rien *trouver*
qui ait été payé en *assignats*.

Voyons le *numéraire*.

Remarquons d'abord que l'immeuble n'ayant été estimé que
580,000 liv. en numéraire (ou 572,839 *francs* 50 *cent.*), dont
on a déduit les deux septièmes pour les pot-de-vin utilement
payés , ce qui réduisait l'estimation à 490,928 fr. 58 cent., il est
impossible que le sieur Julien ait payé plus que cette dernière
somme. Ce n'est pas là une présomption ; c'est une certitude ,
un fait , un jugement, une expertise; c'est un droit acquis au
sieur Julien , de se libérer avec 490,928 fr. 58 cent.: impossible
par conséquent d'arriver à ce total énorme de 1,261,706 fr. ,
auquel il porte ses déboursés.

D'où vient donc cette exagération ?

On l'a déjà dit, 432,000 *fr, pour assignats* , tandis qu'il n'y a
réellement que 24,444 fr. 41 c., si l'on prend les paiemens conservés, et 80,264 fr. , si l'on y comprend les paiemens annullés.

____

(1) Page 8 *des Observations additionnelles.*

Une somme de 180,000 *fr.* dont (page 7 de ses observations) il prétend qu'il fit *don* à ses vendeurs. Quoi, un don de 180,000 fr. à ses vendeurs! et à quel propos! à ses vendeurs, contre lesquels il venait de plaider, de perdre un procés, contre lesquels il devait avoir de l'humeur et du ressentiment ! En vérité, c'est trop compter sur la crédulité publique, que de lui présenter de telles suppositions pour des réalités !

Il serait trop long sans doute de suivre le sieur Julien, article par article, et d'aller interroger tous les témoins qu'il indique, comme résidans les uns à Naples, d'autres au Hâvre et en d'autres pays.

Il avait un moyen plus simple, celui de représenter la transaction du 1er. prairial an 10, passée entre lui et ses vendeurs, transaction dont il a parlé souvent, mais qu'il n'a jamais voulu produire, quoiqu'invité à le faire; et l'on verra que le *mode de paiement* qu'il dit avoir été réglé par cette transaction, (1) n'était autre que le système de compensation du prix avec les loyers, et le remboursement des paiemens faits aux créanciers par le sieur Julien effectué par la cession à lui faite du mobilier, de sorte qu'il en résulte clairement que le Théâtre ne lui a rien coûté.

C'est après avoir acquis cette conviction, que le Prince qui n'avait originairement offert au sieur Julien que de lui rembourser les capitaux qu'il justifierait avoir payés pour son acquisition , lui a fait offrir une somme de 600,000 fr.

C'était 600,000 fr. de bénéfice.

Il a refusé cette somme : de ce moment, les offres de S. A. S. sont restées telles qu'elles sont dans sa demande , c'est-à dire qu'elles consistent à rembourser aux vendeurs du sieur Julien ce qu'ils justifieront à leur tour avoir payé, soit à l'Etat, soit aux créanciers du feu Prince.

Mais ici encore, l'offre de 600,000 fr. conservera toujours

____

(1) Mémoire à consulter, page 20.

une immense supériorité sur les sommes que le Prince aura
à leur rembourser.

En effet, les adjudicataires n'ont *rien* payé aux créanciers du
feu Prince ; et le décompte des assignats qu'ils ont versés au
trésor public ne s'élève qu'à. . . . . 88,944 fr. 89 c.

Si l'on y ajoute les 200,000 liv. qu'ils pa-
raissent avoir avancées lors du bail de 1787,

ci, en francs. 197,530   86

Plus, pour frais. 22,980   65

On aura pour total. 309,456   40

Le Prince a donc offert le double de ce que l'acquisition
a réellement coûté aux premiers adjudicataires.

Sans doute, cette considération ne serait pas un moyen pour
annuller son acquisition, si elle était légale ; mais si elle est
nulle, on ne pourra s'empêcher d'avouer qu'il y avait quelque
générosité de la part du Prince à offrir au sieur Julien 600,000
francs de ses deniers personnels, pour faire rentrer à l'apanage
une propriété qui en avait été illégalement détachée.

« Après la transaction du premier prairial an 10, il semblait,
» dit le sieur Julien, que tout fût terminé. *Mon acquisition*
» *essuya cependant une quatrième attaque* (1) ».

Commençons par conclure de toutes ces attaques, que l'adjudication du 22 octobre 1793 n'a jamais été considérée sous le
point de vue sous lequel on s'efforce vainement aujourd'hui
de la représenter, c'est-à-dire, comme une vente *faite nátio-
nalement et conformément aux lois existantes.*

Ce fut le Ministre de l'Intérieur qui éleva cette nouvelle
contestation sur la propriété même du Théâtre. Le Préfet de la
Seine fut chargé de soutenir les droits de l'Etat devant l'autorité
compétente (arrêté du 7 floréal an 11).

____

(1) Mémoire à consulter, page 20.

E*

« Le sieur Julien est tombé ici dans *une erreur bien grave*, dont il ne pourra lui-même s'empêcher de convenir.

« Le Ministre désabusé, dit-il, convint que la Salle serait prise » à loyer, au nom du Gouvernement ; il autorisa M. Rémusat, » alors Préfet du Palais et Surintendant du Théâtre français, » à passer le bail. Le bail fut souscrit le 28 prairial an 11, pour » neuf ans. Il fut approuvé le 29 du même mois, par un arrêté » spécial du Ministre, qui rapporte celui de floréal an 11. »

Si le sieur Julien eût lu avec quelqu'attention le dernier arrêté du Ministre de l'Intérieur, il se fût convaincu que *ce rapport* n'était qu'une mesure provisoire.

En effet, le 19 prairial an 11, le Ministre de l'Intérieur écrit au Ministre des Finances. Il rappelle son arrêté du 7 floréal, et l'engage « à *suspendre les recherches quant à présent,* mais » *sans entendre déroger aux droits de la République* ».

Voilà l'une des nombreuses confirmations que le sieur Julien se plaît à accumuler, et qui ne confirment qu'une chose ; c'est que, suivant les propres expressions du Ministre de l'Intérieur, dans sa lettre au Ministre des Finances, en lui envoyant son arrêté du 7 floréal, *la question de la propriété du Théâtre français*, après tant de prétendues confirmations, a toujours été *regardée comme indécise*.

Si rien n'était à cet égard décidé en l'an 11, rien n'est encore décidé aujourd'hui. Tous ces actes supposés confirmatifs n'ayant aucune force, considérés isolément, ne peuvent en acquérir par leur cumulation. Ce sont des zéros multipliés, auxquels il manque l'unité.

En 1814, heureuse époque de la restauration, trois ordonnances du Roi restituèrent au Prince les biens dont son père avait joui, *à quelque titre*, dit la troisième ordonnance du 7 octobre 1814, et *sous quelque dénomination* que ce soit.

Les biens dont le feu Duc d'Orléans avait joui *à titre d'apanage*, sous la *dénomination d'apanage*, passèrent donc di rectement entre les mains du Prince actuel, *au même titre et sous la même dénomination* (1).

L'apanage du Palais Royal est donc encore ce qu'il était dans les mains du dernier titulaire ; tous les droits et actions qui en dépendent sont intacts.

Toutes les parties intégrantes qui en ont été distraites, et *non nationalement aliénées*, sont donc soumises à la revendication ; car soit comme apanage, soit comme partie du domaine public, elles étaient inaliénables pour des particuliers.

Or, la Salle de spectacle, cela est prouvé surabondamment, faisait partie de l'apanage. Elle a été aliénée par des particuliers sans pouvoir ; S. A. S. Mgr. le Duc d'Orléans a donc titre et qualité pour faire annuller cette vente.

Des parties de l'apanage ont été vendues nationalement. L'hôtel de Châtillon , plusieurs arcades des galeries, et tant d'autres biens, ont été ainsi aliénés, et S. A. S. regarde ces aliénations comme inattaquables et légitimes. D'où viennent donc ces insinuations répétées qui tendent à faire naître l'idée que le principe de l'inviolabilité des ventes nationales est attaqué ? sinon de la faiblesse d'une cause qui ne peut se soutenir que par des exceptions dilatoires, des erreurs de fait, de vains sophismes, et des suppositions qui n'ont aucune réalité.

Enfin , pour dernière ressource, le droit de prescription est invoqué.

Le Conseil du sieur Julien veut bien convenir que la prescription de dix ans, applicable, dit-il, à l'espèce, n'était point commencée avant le Code, que le droit n'en existait pas avant lui. Mais puisqu'on citait le Code, il fallait au moins rapporter l'article 2281, ainsi conçu :

« Les prescriptions commencées à l'époque de la publication

―――――――――――――――――――――――――

(1) Voyez l'Ordonnance du 14 septembre 1814, citée pages 2 et 3 de ce Mémoire.

» du présent titre (1804) seront réglées conformément aux lois
» anciennes.

» Néanmoins les prescriptions alors commencées, et pour
» lesquelles il faudrait encore, suivant les anciennes lois plus
» de trente ans, à compter de la même époque, seront accom-
» plies par ce laps de trente ans ».

Les biens du domaine se prescrivaient par quarante ans, à
l'époque de l'adjudication du 22 octobre 1793 ; la seule modi-
fication que cette partie de la législation a subie quant aux
acquisitions faites avant 1804, c'est que, depuis le Code, cette
prescription n'aurait pas pu s'étendre à plus de trente années.

L'exception, tirée des nouvelles dispositions sur les prescriptions, alléguée en faveur du sieur Julien, rentre donc dans
cette série de fins de non-recevoir que la justice ne peut ac-
cueillir.

Les faits fidèlement exposés ; c'est aux habiles jurisconsultes
appelés à délibérer sur la demande de S. A. S. Mgr. le Duc
d'Orléans, à lui communiquer le résultat de leur expérience et
de leurs lumières.

Me. J A Y , Avocat.

9 782014 435597